Heidrun Kuhlmann
Prädikat wertvoll!

Heidrun Kuhlmann

Prädikat wertvoll!

Den eigenen Wert
entdecken und leben

johannis

Bibliografische Information der Deutschen Bibliothek
Die Deutsche Nationalbibliothek verzeichnet diese Publikation in
der Deutschen Nationalbibliografie; detaillierte bibliografische
Daten sind im Internet über http://dnb.d-nb.de abrufbar.

ISBN 978-3-501-05273-0

Bestell-Nr. 05273
© 2009 by Johannis-Verlag, Abt. der St.-Johannis-Druckerei
C. Schweickhardt GmbH, Lahr/Schwarzwald
Umschlagbild: Comstock Images/Jupiterimages
Umschlaggestaltung: Christine Karádi
Gesamtherstellung:
St.-Johannis-Druckerei C.Schweickhardt GmbH,
Lahr/Schwarzwald
Printed in Germany   17309/2009

www.johannis-verlag.de

Inhalt

✧ Den eigenen Wert entdecken und leben

Als ich meinem Mann das Thema dieses Buches vorgestellt habe, hat er gesagt: »Seltsam, womit ihr Frauen euch beschäftigt. Wir Männer wissen, was wir wert sind!«

Ist das so?

Ich kenne viele Männer, die unter einem enormen Druck stehen. Der Konkurrenzkampf ist groß – egal, ob als Angestellter oder Selbstständiger. Und wer heute mit modernen Medien arbeitet, der weiß, wie schnell man im besten Alter, mit vierzig, fünfzig Jahren, von jungen Kollegen überholt wird, die einen enormen Wissensvorsprung mitbringen, weil sie von Kind auf mit Computern groß geworden sind. Auch Männer müssen strampeln, um sich selbst und anderen zu beweisen, dass sie etwas können, dass sie gut sind.

Egal, ob Mann oder Frau, es gehört wohl zum Wesen des Menschen, dass er sich seines Wertes niemals sicher ist, gerade in einer Leistungsgesellschaft wie unserer, die den Wert eines Menschen

nach Erfolg, Lebensstandard und Beliebtheits-
grad bemisst.

Ich habe allerdings den Eindruck, dass Männer sich in der Regel bei gleicher Qualifikation
besser »verkaufen« können, selbstbewusster auf-
treten als Frauen. Schauen Sie sich um im privaten Umfeld, im Berufsleben, in der Politik.

Oder können sie womöglich nur besser ver-
bergen, unter welchem Druck sie stehen, welche
Selbstzweifel sie plagen?

In einem Landfrauenverein wurde ein neuer
Vorstand gewählt. Im Raum waren 140 stimmbe-
rechtigte Frauen. Die erste Vorsitzende wurde mit
138 Ja-Stimmen gewählt. Man höre und staune!
Jeder Mann hätte gesagt: »Ist das nicht klasse! –
99 % für mich!«– Solche Ergebnisse sind in der
Politik gar nicht denkbar.

Wissen Sie, was diese mit überwältigender
Mehrheit gewählte Vorsitzende den ganzen
Nachmittag an meiner Seite beschäftigt hat? –
»Wer waren die beiden? Wer ist hier im Raum,
der etwas gegen mich hat? Hab ich etwas falsch
gemacht, von dem ich nichts weiß? Gibt es ir-
gendwelche alten Geschichten, die mir jemand
nachträgt?« Frauen haben ein ausgeprägtes Har-
moniebedürfnis.

✧ Wie viele Kamele bin ich wert?

Susanne kam freudestrahlend von einer Israelreise zurück und sagte: »Stell dir vor, da waren Männer, die haben 30 Kamele für mich geboten, ist das nicht toll!«

30 Kamele. Sie wissen, in den Wüstenländern wurde der Brautpreis früher in Kamelen oder Kühen bezahlt. Das ist heute nicht mehr so, aber die einheimischen Männer haben ihre Freude daran, für die Touristinnen zu bieten. Das ist ein schönes Spiel. Ich hab mir sagen lassen, wenn für eine Frau 30 Kamele geboten werden, dann kann sie sich freuen. Das ist schon was.

30 Kamele! Ich bin wertvoll, ich kann etwas, ich werde geschätzt und anerkannt, das ist ein wunderbares Gefühl.

Wenn wir als Mutter oder Großmutter gebraucht werden, die Familie zusammenhalten, dafür sorgen, dass alles läuft, das tut gut.

Wenn wir als Kollegin geschätzt und vom Chef ab und zu gelobt werden, das tut gut!

Wenn wir im Ehrenamt etwas bewegen und

dafür positive Rückmeldungen erhalten, wenn wir eine kritische Lebensphase mit Problemen und Kummer gemeistert haben, das tut gut.

Es lässt uns leichter durch die Welt gehen, wenn andere wahrnehmen, was wir leisten und was wir sind.

Stellen Sie sich vor: Im Briefkasten liegen nicht nur die üblichen Rechnungen und Werbeprospekte. Da hat Ihnen jemand einen Brief geschrieben, in dem er Ihnen sagt: »Wie schön, dass es dich gibt. Ich bin so froh, dass wir einander haben und dass wir uns aufeinander verlassen können. Du tust mir gut, bist wie ein Fels in der Brandung für mich, lässt mich aufblühen. Es gab Zeiten, die hätte ich ohne deine Hilfe nicht geschafft. Wie oft hast du mich getröstet, mir Mut gemacht, mir gesagt, was ich mir selbst nicht sagen konnte. Ich habe dich gern!«

Stellen Sie sich vor, Sie bekommen solch einen Brief; damit verläuft der Tag völlig anders, vielleicht sogar die ganze Woche.

Mark Twain hat gesagt: »Von einem guten Kompliment kann ich zwei Wochen lang leben!«

✧ Wertvoll sein, das tut gut!

Wir sehen es einem Menschen an, ob er mit sich selbst im Reinen ist oder ständig an sich zweifelt, ob er sich geliebt weiß oder mit sich selbst hadert! Wir hören es an der Art, wie er spricht. Wir spüren es an der Art, wie er mit anderen umgeht.

Seitdem Susanne von Israel erzählt hat, habe ich mich manches Mal gefragt: »Wie viele Kamele bin ich wohl wert?« Was würden Sie denn sagen: »Wie viele Kamele sind Sie wert?« Natürlich, es geht hier nicht um Kamele, das haben Sie längst gemerkt, es geht um die Frage nach unserem Selbstwertgefühl.

Ich bewundere Menschen, die von ihrem Wert überzeugt sind. Eine sagt: »Wer mich nicht mag, der hat keinen Geschmack!« Mit dieser Haltung packt sie mutig an, was zu tun ist, geht ohne Hemmungen auf Menschen zu. »Wo ich bin, ist immer vorne!«

Wie wird man so sicher? Werden die Weichen dafür in der Kindheit gestellt? Wenn Eltern ihre Kinder lieben und fördern und mit Vorschüssen an Vertrauen ins Leben schicken? Wenn sie ihnen den Rücken stärken, ihnen etwas zutrauen und ihnen Mutmachstoff einflößen? Das kann ich mir gut vorstellen.

Es gibt aber auch andere Beispiele. Eine Frau hat erzählt, dass sie als junges Mädchen ihre Mutter verloren hat. Mutter wusste, dass sie sterben würde, und hat die Kleine auf vieles vorbereitet, was für das Leben wichtig ist: das Haus in Ordnung halten, kochen, mit Geld umgehen, die Wäsche pflegen, sich um den kleinen Bruder kümmern. Mutter hat ihrer Tochter auch von ihrem Glauben erzählt, von dem, was einen Menschen stark macht in den Wechselfällen des Lebens.

Heute, nach über 40 Jahren, sagt diese Frau: »Das war damals natürlich ganz bitter, ich habe viel geweint und gedacht ›Das schaffst du nie‹!« – Aber trotz allem Schweren hat diese Erfahrung sie stark gemacht für das Leben. Sie hat das Gefühl, Mutter ginge stets wie ein guter Engel an ihrer Seite und würde ihr wie damals zusprechen: »Mädchen, du musst keine Angst haben, ich weiß, du schaffst das schon!«

Wir sehen, es können sehr positive Erfahrungen in der Kindheit sein, die uns stabil und selbstsicher machen. Es können aber auch schlimme

Erfahrungen sein, die einen Menschen ausstatten mit innerer Stärke und einem gesunden Selbstbewusstsein: »Ich kann was. Es ist viel mehr möglich, als ich denke. Und wenn du meinst, es geht nicht mehr, kommt von irgendwo neue Kraft und neuer Mut her.«

Wie viele Kamele bin ich wert?

Ich habe in einem Architekturbüro gearbeitet. Und wie das so ist, über Geschmack lässt sich vortrefflich streiten. Die einen sind begeistert und die anderen regen sich darüber auf. Es kam vor, gerade bei öffentlichen Bauten, dass diese in der Presse kommentiert und manchmal auch heftig kritisiert wurden. Wie das so ist! Ich hätte mich damals als Lehrling am liebsten in ein Mauseloch verkrochen, weil mir negative Berichterstattung äußerst peinlich war. Wissen Sie, wie der Chef auf diese Kritik reagiert hat? Er sagte mit großer Souveränität: »Was kümmert es die deutsche Eiche, wenn sich ein Hund dran schabt!«

Mit 18 Jahren habe ich das nicht verstanden. Ich hab gedacht: »Wie arrogant! Das muss ihm doch zusetzen und unter die Haut gehen, wenn er in der Öffentlichkeit kritisiert wird.« Heute verstehe und bewundere ich die Haltung des Chefs. Jeder, der im öffentlichen Leben Verantwortung trägt, der muss nach bestem Wissen und Gewissen seinen Weg gehen. Er kann nicht jedes Mal eine Meinungsumfrage in Auftrag geben, um zu klären, ob alle mit seiner Entscheidung einverstanden sind. Er muss wissen: Das, was ich tue, wird einigen gefallen und andere werden mich dafür kritisieren. Die Hälfte der Menschen klatscht Beifall und die andere Hälfte wird womöglich gegen mich sein. »Mach, was du willst, die Leute reden sowieso!«

Es allen recht zu machen, ist eine Kunst, die niemand beherrscht. Geh deinen Weg, so gut du kannst, in Verantwortung vor deinem Gewissen und vor Gott, und lass dich nicht ständig bremsen von dem, was »die Leute« sagen.

Damit haben viele Frauen große Probleme, deshalb fahren wir oft wie mit angezogener Handbremse, anstatt selbstbewusst nach vorne zu preschen. Kommt Ihnen das bekannt vor?

Von unserer Bundeskanzlerin können wir an diesem Punkt viel lernen. Wie oft ist sie kritisiert worden. Erst waren es die Haare, dann die Blazer, dann das Dekolleté oder die Mundwinkel. Das waren sehr persönliche Bereiche. Jeder, der zart besaitet ist, hätte sich längst in die Schmollecke zurückgezogen. Angela Merkel hat eine Vision, eine große innere Kraft. Sie möchte mit ihrer Politik die Welt gestalten, sie kann sich nicht von »Nebensächlichkeiten« aufhalten lassen. Sie geht ihren Weg, mit einer Art Lotuseffekt. Sie lässt manches an sich abperlen.

Wie viele Kamele bin ich wert?

Wir waren mit einigen Frauen in Venedig. Es war traumhaft! Endlich dort, wo die Krimis von Donna Leon spielen. Der Stadtführer gab uns eine Stunde Zeit für eine Mittagspause. Wissen Sie, was wir überlegt haben: »Wo können wir jetzt ganz schnell und ganz günstig eine Kleinigkeit essen?« In Venedig! Da war eine Oberstudienrätin dabei, Mitte 80, die setzte sich auf den Markusplatz, ins teuerste Café der Stadt, wo die Live-Musik spielte mit dem hübschen jungen Geiger. »Das ist es mir wert – auch wenn der Cappuccino hier mehr als 9 Euro kostet!« – Von wegen ganz schnell und ganz günstig!

»Das bin ich mir wert!« – Da hatte jemand ein Gespür für die Kostbarkeit des Augenblicks. Ja, zu Hause wollen wir wieder sparen und bescheiden sein und Haushaltsbuch führen, aber jetzt sind wir in Venedig, das wollen wir zelebrieren und genießen. Jetzt setzen wir uns in das Café, in dem auch Commissario Brunetti das eine oder andere Mal sitzen wird. Und dann wissen wir am Fernsehschirm: »Guck mal, genau da habe ich auch schon mal gesessen. Es war traumhaft schön!«

Diese Einstellung hat mich stark beeindruckt!

✧ Was lässt uns immer wieder an unserem Wert zweifeln?

Ich begegne unterwegs wunderbaren Frauen, die sehr viel geleistet und durchgemacht haben im Leben, die immer wieder bewiesen haben, dass sie etwas können, dass sie stark sind. Vor manchen möchte ich mich voller Hochachtung verneigen. Aber in ihrem Innersten sind sie unsicher, zweifeln an sich selbst und trauen sich nichts zu. Trotz allem, was sie schon Positives über den eigenen Wert gelesen und gehört haben.

Was ist da passiert?

Vielleicht ist es immer noch die alte Geschichte. Sie mögen sie nicht mehr hören, ich mag sie nicht mehr erzählen. Das meiste, was Frauen leisten, findet in unserer Gesellschaft wenig Beachtung und Anerkennung, schon gar nicht eine angemessene finanzielle Belohnung. Und es gilt der Satz: »Was nichts kostet, ist nichts wert!«

Überlegen Sie mal, welche Qualifikationen eine Frau in sich vereint: Sie ist Erzieherin, Konfliktmanagerin, Sterne-Köchin, Seelsorgerin, Altenpflegerin, Hotelchefin, Landschaftsgärtnerin,

Taxifahrerin, Entsorgungstechnikerin, Friedensrichterin, Kommunikationstrainerin, Finanzministerin, Nachhilfelehrerin, Coach, Krankenschwester und manchmal sogar Dompteuse, alles in einer Person. Ein Multitalent.

Weil es von anderen nicht oder selten wahrgenommen wird, müssen wir uns schon mal selbst ins rechte Licht rücken und selbstbewusst wie die Dame im Werbespot sagen: »Ich leite ein erfolgreiches kleines Familienunternehmen!«

Was lässt uns an unserem Wert zweifeln?

Vielleicht hat uns jemand ins Poesiealbum geschrieben:

> »Sei wie das Veilchen im Moose,
> sittsam, bescheiden und rein
> und nicht wie die stolze Rose,
> die immer bewundert will sein.«

Vielleicht sind wir groß geworden mit Sätzen wie »Eigenlob stinkt« oder »Man prahlt nicht«. Ich habe einige Male gehört: »Nimm dir mal ein Beispiel an ...!« Dann wusste ich: Die anderen sind gut, ich muss es erst noch werden, muss mich erst noch tüchtig anstrengen, um den Erwartungen zu entsprechen.

Viele Frauen haben sich brav und bescheiden entwickelt. Sie sind immer pflegeleicht und lieb, geben keine Widerworte und sind stets in der zweiten Reihe geblieben, obwohl sie durchaus das Zeug zu mehr hatten. Eher haben sie die Faust in die Tasche geballt oder etwas »um des lieben Friedens willen« heruntergeschluckt, als einmal deutlich ihre Meinung zu sagen. Pflichtbewusst fühlen sie sich für alles und alle verantwortlich und sind immer mit einem schlechten Gewissen unterwegs, es könnte nicht genug sein, was sie geben und sind und tun. Julia Onken sagt: »Sie bestellen fremde Gärten und lassen den eigenen verwildern.« Ja, für alle sind sie da und denken an sich selbst zuletzt. Und wenn es ganz schlimm kommt, dann verbiegen sie sich selbst, um es allen recht zu machen, dann rackern sie bis zum Umfallen, um endlich die Wertschätzung, die Beachtung und Liebe zu bekommen, die sie zeitlebens vermisst haben.

Eine Frau in den Fünfzigern sagte mir: »Ich spüre, dass sich in meinem Körper irgendetwas zusammenbraut, aber ich habe im Moment keine Zeit, um dem nachzugehen. Die Kinder, der Betrieb und die Eltern brauchen mich. Ich bin unabkömmlich.«

Irgendwann hinterlässt das Spuren in einem Menschen und dann kann es passieren, dass starke Frauen, die sich immer mehr aufgepackt haben, die immer das Beste gegeben haben, auf einmal in der Ecke sitzen und vom »heulenden Elend« gepackt werden: »Ständig sagen mir die anderen, was sie von mir wollen. Wann fragt mich eigentlich mal jemand, was mir fehlt?

✧ Das Aschenputtel-Syndrom

Ich habe eine Argentinierin getroffen, eine wunderbare Frau, die mich stark beeindruckt hat mit ihrer äußeren Erscheinung, ihrem Selbstbewusstsein und mit dem, was sie gesagt hat: »Ich habe das Gefühl, dass ihr Frauen in Deutschland so etwas wie ein Aschenputtel-Syndrom habt. Was hat euch bloß so klein gemacht? Warum geht ihr nicht mit ein bisschen mehr Rückgrat und Farbe und Mut durchs Leben?«

Ja, was ist da passiert? Gemessen an dem, was wir sein können, was an Potenzial in uns steckt, sind wir nur halb erwacht. Warum strampeln wir uns so verbissen ab, als müssten wir uns selbst und den anderen ständig aufs Neue beweisen, wie tüchtig und wertvoll wir sind? Warum stellen wir unser Licht unter den Scheffel? Haben wir vergessen, dass in jedem Aschenputtel eine Prinzessin steckt?

Ich schaute die hübsche, stolze Argentinierin mit großen Augen an und wusste gar nicht, was ich dazu sagen sollte. Mir fallen die besten Sätze sowieso erst immer dann ein, wenn ich wieder zu Hause bin. Ich bewundere Menschen, die spontan und blitzgescheit antworten können, ich brauche erst einmal Abstand und Muße, bis der Groschen fällt. Was ich gedacht habe, ist dies: »Sie haben gut reden, meine Liebe. Sie müssten das mal erleben, wie Frauen in unseren kleinen Dörfern im Schaumburger Land eingeteilt werden in zwei Kategorien. Über die eine Hälfte wird gesagt: ›Datt is'n düchtiget Früssminsche‹ (Sie ist eine tüchtige Frau) und über die andere Hälfte heißt es: ›Ött döcht nich viel‹ (Sie taugt nicht viel).«

Und wo wir stehen möchten, das ist doch klar. Lieber hängen wir abends einmal schlapp über dem Gartenzaun, weil wir uns total übernommen haben, als dass über uns gesagt wird: »Ött döcht nich viel!« Wenn die Menschen das in einem Dorf über uns sagen, dann haben wir verloren. Ja, wir wollen als tüchtig gelten, wir möchten in einem guten Licht dastehen, wir möchten einen guten Ruf haben, wir möchten dazugehören.

Sie ist Pastorin in einem kleinen Dorf im Schwabenländle, wo alle ganz akkurat und tüchtig sind. In diesem Dorf stehen die Häuser so dicht beieinander, dass der eine dem anderen ins Fenster schauen kann. Und jeden morgen um

6.30 Uhr werden die Fenster geöffnet und die Frauen hängen ihr Bettzeug zum Lüften hinaus. Alle machen das! Die Pastorin hat einen völlig anderen Arbeitsrhythmus als die meisten Frauen im Dorf. Sie kommt oft erst nach Mitternacht vom Dienst zurück und würde morgens gerne ein bisschen länger schlafen. Wir können das gut verstehen. Was macht sie? Sie steht morgens um 6.30 Uhr auf, hängt ihr Bettzeug aus dem Fenster, nimmt sich eine Wolldecke und schläft auf dem Sofa weiter. Stellen Sie sich das vor: eine Akademikerin im 21. Jahrhundert!

Da sagt mir eine junge Frau, als sie diese Geschichte gehört hatte: »So verrückt müsste ich mal sein. Das ist mir doch egal, was die Leute über mich reden. Zum Glück haben sich die Zeiten in diesem Punkt grundlegend geändert. Moderne junge Leute lassen sich nicht mehr in solche Korsetts stecken!«

Ja, es hat sich in der Tat einiges verändert in den letzten Jahren, es ist viel mehr Freiheit und Weite eingezogen. Aber haben nicht auch unsere selbstbewussten jungen Frauen ihre Achillesfersen, wenn es um die Frage nach dem Wert geht? Die Bereiche haben sich verlagert, aber das Thema ist noch immer aktuell.

Heute heißt es: Wer kommt im Beruf am besten voran? Wem gelingt es am ehesten, Beruf und Familie miteinander zu verbinden? Wer kann sich den höheren Lebensstandard erlauben? Wer hat den interessanteren Freundeskreis? Wer hat am meisten aus sich gemacht? Wer ist am erfolgreichsten, attraktivsten, beliebtesten?

Die vielen Geschichten um Überfordertsein, Ausgebranntsein, Angst, Eifersucht, Mobbing und Stutenbissigkeit, die haben unter anderem damit zu tun, dass wir nach wir vor meinen, uns selbst und andere von unserem Wert überzeugen zu müssen. Wir suchen Bestätigung und Anerkennung!

Wie viele Kamele bin ich wert?

✧ Spurensuche:
Den eigenen Wert entdecken

Wenn Ihnen jemand ein nettes Kompliment macht, wie reagieren Sie darauf? Können Sie fröhlich und selbstbewusst »Danke« sagen? »Toll, endlich hat mal jemand gemerkt, was ich drauf habe!« Dann sind Sie schon weit auf dem Weg zu einem guten Selbstwertgefühl.

Wissen Sie, was ich erlebt habe: Eine Frau hat zum Essen eingeladen. 12 Personen sitzen am Tisch. Sie hat die Wohnung hübsch dekoriert und ein aufwendiges 4-Gänge-Menü zubereitet. Alles ist wunderbar gelungen. Die Gäste sind zufrieden und überhäufen die Gastgeberin mit Komplimenten. Wie reagiert sie?

Sie sagt nicht fröhlich und selbstbewusst »Danke«. Sie sagt: »Na ja, aber die Suppe hätte noch etwas würziger sein können …!« So sind viele Frauen gestrickt. Weil sie selbst von ihrem Wert nicht überzeugt sind, mögen sie dem Lob eines anderen nicht trauen und relativieren es!

Nun. – Wenn man älter wird, dann wird nicht alles schlechter. Manches wird auch besser. Jenseits der 50 weiß ich, was ich kann und was ich nicht kann, was ich will und was ich nicht will. Und vor allem: Ich durchschaue jetzt manches Theater, was um mich herum gespielt wird, was manche Menschen alles so auffahren!

Sie haben es wahrscheinlich auch schon beobachtet: Wir haben alle eine offizielle Biografie, die wir nach außen in den schönsten Farben darstellen, und wir haben eine inoffizielle Biografie, an der wir in der Regel im Verborgenen leiden, die wir unter Verschluss halten wie eine Geheimakte.

Der Maler und Dichter Wilhelm Busch, der aus dem Schaumburger Land kommt, aus meiner Heimat, der hat es auf den Punkt gebracht:

»Früher, als ich unerfahren und
bescheidner war als heute,
hatten meine höchste Achtung andre Leute.
Später traf ich auf der Weide
außer mir noch andere Kälber
und nun schätz ich sozusagen
erst mich selber.«

Wenn es gut geht, werden wir irgendwann durchschauen, was echt und was aufgesetzt ist.

Wenn es gut geht, werden wir irgendwann Schein und Sein auseinanderhalten können.

Und wir werden hoffentlich immer mehr wertschätzen lernen, was wir selbst alles geleistet haben und warum wir uns so entwickelt haben und nicht anders. Vielleicht können wir uns dann sagen: »Das hast du gut gemacht, meine Liebe.«

Es gibt einen Mann, den ich sehr geschätzt habe: Hanns Dieter Hüsch, den einmaligen Kabarettisten vom Niederrhein. Er hatte diese wunderbare Begabung, auch Schwieriges mit viel Leichtigkeit und Humor auszudrücken, mit Worten zu jonglieren.

Hanns Dieter Hüsch hat einen Satz gesagt, den ich mir in großen Buchstaben hinter den Schreibtisch gehängt habe: »Sag doch nicht immer Ja und Amen, sag doch auch mal Nein und Halleluja.«

Wie oft halten wir uns mit dem, was wir zu sagen haben, zurück. Entweder meinen wir, unsere Meinung sei nicht so wichtig, oder wir wollen keinen Unfrieden stiften. Was so harmlos klingt, hat weitreichende Folgen.

Wir Frauen haben nämlich viel zu sagen. Wir haben ein eingebautes Frühwarnsystem. Wir erfassen intuitiv, ob eine Entwicklung gut ist, oder ob wir im Nachhinein sagen müssen: »Wie konnten wir nur so dumm sein. Die Geister, die wir riefen, die werden wir nicht wieder los!«

Wir hören manchmal »das Gras wachsen« und »die Flöhe husten«, wenn es um Beziehungen geht, vor allem um unsere Kinder! Warum sagen wir nicht viel mutiger, was wir wahrnehmen – und was unbedingt gesagt werden muss, wenn das Leben gelingen soll! Die weibliche Intuition wird sehr wichtig sein auf dem Weg in die Zukunft. Darum: »Sag doch nicht immer Ja und Amen, sag doch auch mal Nein und Halleluja«, um des Lebens und um Gottes willen!

Meine Großmutter hat in ihrer einfachen Weise etwas Wertvolles dazu gesagt: »Zum Gängeln gehören immer zwei: Einer, der gängelt, und einer, der sich gängeln lässt!« Wie Menschen mit uns umgehen, das entscheiden wir selbst mit. Und wenn mich ständig jemand verletzt und mit seinen Worten oder seinem Verhalten die Grenzen überschreitet, die ich zu akzeptieren bereit bin, dann darf ich ihm das einmal ganz freundlich aber bestimmt sagen. »So gehst du bitte nicht mit mir um – wenn dir etwas an mir liegt, dann erwarte ich etwas mehr Vornehmheit!«

✧ Woher bekommt der Mensch seinen Wert?

Wir kommen jetzt zu einer ganz entscheidenden Frage: Wer oder was bestimmt eigentlich den Wert des Menschen?

Hängt mein Wert davon ab, wie ich mich selbst einschätze oder wie ich bei anderen im Kurs stehe?

Hängt mein Wert davon ab, wie tüchtig, erfolgreich und beliebt ich bin, wie viel ich verdiene?

Stellen Sie sich vor, jemand würde Ihnen 50 Euro schenken wollen. Ich nehme an, dass Sie sich sehr über diese nette Geste freuen würden. 50 Euro, einmal Friseur mit dem vollen Programm, ein Wellness-Tag in der Therme oder ein Wochenendeinkauf im Supermarkt!

Nehmen wir an, auf diesem 50 Euro-Schein hätte jemand ein paar Notizen gemacht (es gibt ja eine Leerzeile auf jedem Geldschein), würden Sie sich immer noch darüber freuen?

Nehmen wir an, jemand hätte den Schein bei 60° in der Waschmaschine gewaschen oder hätte ihn zerknüllt oder gar eingerissen. Würden Sie den Schein immer noch annehmen?

Zugegeben, es wäre nicht schön – aber finanztechnisch gesehen spricht nichts dagegen. Sie können den Geldschein, egal, in welchem äußeren Zustand er ist, bei jeder Sparkasse gegen einen neuen eintauschen. Dafür steht die deutsche Bundesbank ein, dass der Schein immer seinen Wert behält!

Dieses Bild gefällt mir.

So ähnlich ist das in Bezug auf unseren Wert auch. Egal, wie unsere Situation gerade aussieht, ob alles rund läuft, ob wir glücklich, zufrieden und erfolgreich sind oder ob wir gerade eine Menge Kummer oder Probleme haben.

Egal, ob wir viele schöne Erinnerungen im Gepäck haben oder manchen Bruch erlebt, manche herbe Enttäuschung eingesteckt haben.

Egal, ob wir beliebt sind oder ob man uns oft verletzt und klein gemacht hat.

Unser Wert hängt nicht davon ab.

Wir sind wertvoll, unendlich wertvoll, weil im Himmel beschlossen wurde, dass es diese Welt ohne uns nicht geben sollte.

Wir sind kein Zufallsprodukt aus Eiweiß- und Kohlenstoffverbindungen.

Wir sind ein genialer Gedanke Gottes.

Als wir geschaffen wurden, das war ein Fest-
tag.

Und Gott hat gesagt: »Schau sie dir an. Ist sie
nicht großartig? So was Tolles gibt's nicht wieder.
Sie ist einmalig, ein Traum von einem Menschen!«

Verzeihen Sie, wenn ich das etwas salopp aus-
gedrückt habe. In der biblischen Sprache klingt das
so: »Du bist wert geachtet in meinen Augen.« –
»Ich habe dich bei deinem Namen gerufen, du bist
mein.« Martin Luther wird später sagen: »Du bist
wertvoll, jenseits dessen, was du zustande bringst!«

Haben Sie schon einmal darüber nachgedacht,
wie Gott im Himmel wohl zu tun gehabt hat, bis
er Ihre Eltern so zusammengefügt hatte, damit
Sie entstehen konnten? Was waren da für Ver-
führungskünste nötig, was hat das für Irrungen
und Wirrungen gegeben, was musste da alles ar-
rangiert werden.

Einer ist ein heiß ersehntes Wunschkind, für
andere gilt eher der Satz: »Unverhofft kommt
oft!« Es ist auch möglich, dass jemand damals eine
mittelschwere Katastrophe war. Mir hat eine Frau
erzählt, dass sie »nur« ein Mädchen war. Die Eltern hatten den Hoferben, den Stammhalter er-
wartet. Im Bekanntenkreis wurde immer wieder
betont, dass sie ja eigentlich ein Junge werden

sollte, und das kleine Mädchen spürte bald, dass sie nur die zweite Wahl war. Als dann vier Jahre später der kleine Bruder geboren wurde, da hat ihn die Familie wie einen kleinen Prinzen behandelt und auf einen imaginären Thron gesetzt. Von ihm wurde ganz anders gesprochen, er wurde von klein auf anders gefördert.

Können Sie sich vorstellen, was die Schwester, die damals sechs, sieben Jahre alt war, mit ihrem Bruder gemacht hat, wenn sie mit ihm spielen sollte? Sie hat ihn getriezt, wo sie nur konnte. Sie hat ihre eigenen Verletzungen, dieses Gefühl, minderwertig zu sein, an den Bruder weitergegeben. Inzwischen sind die beiden fast 70 Jahre alt. Sie haben sich versöhnt und können heute darüber lachen, die Geschichte ist Schnee von gestern. Aber in der Kindheit hat das kleine Mädchen sehr darunter gelitten, in den Augen der Eltern nur die zweite Wahl zu sein.

Auf jeden Fall gilt: Egal, wie Ihre Entstehungsgeschichte ausgesehen hat, Sie sind unendlich wertvoll. Sie sind ein Geschenk für diese Welt. Kein Mensch hat Fingerabdrücke wie Sie. Kein Mensch kann lachen, lieben und fühlen wie Sie. Wenn es Sie nicht gäbe, dann hätte das große Puzzle der Weltgeschichte einen weißen Fleck, dann würde etwas fehlen.

✧ Prädikat wertvoll

Die älteren unter uns erinnern sich bestimmt an den Film »Der Glöckner von Notre Dame« mit der legendären Gina Lollobrigida.

Worum geht es? Vor der Tür des Priesters von Notre Dame wurde ein Findelkind, ein hässlicher, buckliger kleiner Junge abgelegt. Damals gab es noch keine »Babyklappen« in Krankenhäusern, da war die Tür eines Priesters eine gute Adresse. Der Priester nahm sich des Jungen an, hat ihn gefördert und später zum Glöckner von Notre Dame gemacht. »Quasimodo«, Gotteskind, nennt er den Jungen, den er am Sonntag Quasimodogeniti, das ist der Sonntag nach Ostern, vor seiner Tür gefunden hatte. Dieser bucklige, monsterhafte Quasimodo hat später als Glöckner von Notre Dame »an die große Glocke gehängt«, dass über jedem Menschen eine einzigartige Würde liegt, unabhängig davon, wie seine Entstehungsgeschichte ausgesehen hat und wie sein Lebensweg verläuft.

Jedes Mal, wenn wir Glocken hören, könnten

wir daran denken. Jeder Glockenschlag erinnert uns daran: Du bist unendlich wertvoll! Zum Glück haben wir dieses Menschenbild in unserem Grundgesetz festgeschrieben: »Die Würde des Menschen ist unantastbar.«

Mir sträuben sich die Haare, wenn ich höre, dass für einen Fußballspieler weit über 30, 40 Millionen Euro bezahlt werden. Und gleichzeitig: Wenn heute ein behindertes Kind zur Welt kommt, dann sagt man den Eltern womöglich durch die Blume: »So etwas müsste es doch heute gar nicht mehr geben!«

Das tut sehr weh, wie hier und heute mit dem Wert des Menschen, mit dem Wert des Lebens umgegangen wird. Johannes Rau hat einmal gesagt: »Ich habe den Eindruck, wir wissen heute von allem den Preis, aber von nichts mehr den Wert!« Das ist ein goldener Satz, den es ganz neu zu entdecken gilt in einer Gesellschaft, die an vielen Punkten ihr Maß verloren hat, die immer gleich fragt, ob sich etwas rechnet. Das wirtschaftliche Denken ist viel zu sehr zu einem bestimmenden Faktor geworden.

Ein junger Mensch ist nicht mehr wert als ein alter.

Ein gesunder Mensch ist nicht mehr wert als ein kranker.

Der erfolgreiche Manager in seinem Nadelstreifenanzug ist nicht mehr wert als der Arbeitslose, der sich durch den Tag und die Nacht quält und womöglich Depressionen bekommt.

Man kann die Lebensleistung einer Ministerin nicht mit der Lebensleistung eines kranken Menschen vergleichen! Das geht nicht!

Es stimmt nachdenklich, wie in unserer Gesellschaft mit dem Wert des Menschen und mit dem Wert des Lebens umgegangen wird. Lassen Sie uns nicht warten, dass sich irgendwann und irgendwo etwas verändert. Wir können im Kleinen damit beginnen, den Wert des Menschen neu zu entdecken, allein schon dadurch, wie wir miteinander umgehen und wie wir voneinander sprechen. Wir können im Kleinen damit beginnen, den Wert des Lebens neu zu entdecken, durch unseren Lebensstil, durch die Weise, wie wir mit der Schöpfung umgehen, wie wir unseren Kindern und Enkelkindern die Welt deuten, ob wir unsere Verantwortung als »Kompagnons Gottes« wahrnehmen.

✧ Mit einem neuen Selbstwertgefühl durchs Leben gehen

Wenn wir wertvoll sind, jenseits dessen, was wir zustande bringen, könnten wir dann nicht aufatmen und ganz anders durch die Welt gehen? Stellen Sie sich vor, Sie würden mit sich selbst genauso freundlich und liebevoll umgehen wie mit Ihrer besten Freundin? Stellen Sie sich vor, Sie könnten sich selbst Ihre Fehler und Macken genauso großzügig verzeihen, wie Sie bei Ihren Kindern oder Enkelkindern dazu bereit sind.

Wir müssen nicht rackern bis zum Umfallen, um unseren Wert zu beweisen. Ab und zu könnten wir uns einen Abend gönnen – nur für uns. Zum Beispiel im Badezimmer. Wir genießen ein reichhaltiges, duftendes Ölbad, nehmen einen Piccolo und ein paar Lachsschnittchen mit. Wir stellen ein paar Teelichter auf, hören unsere Lieblingsmusik, lesen ein gutes Buch und spüren: »Ich bin nicht nur zum Funktionieren auf der Welt, ich bin mehr, ich bin wertvoll, begabt, geliebt, gebraucht!«

Wenn Sie kein »Badewannen-Typ« sind, können Sie auf andere Weise Ihren Wert feiern, im Garten, beim Kaffeetrinken mit einer Freundin, beim Tanzen zu südamerikanischen Rhythmen, im Theater, bei einer gemütlichen Lesestunde auf dem Sofa oder beim Pilgern, wo sie sich und anderen sagen: »Ich bin dann mal weg!«

Wir sind wertvoll!

Hausarbeit ist ab jetzt keine lästige Pflicht mehr. Sie steht jetzt unter der Überschrift: »Die Prinzessin gestaltet ihr Schloss.« Die Arbeit bleibt die gleiche, aber wir gehen mit einer völlig anderen Einstellung ans Werk!

Wem das jetzt zu sehr nach einem Selbstverwirklichungs-Trip klingt, den möchte ich daran erinnern, dass im Psalm 139 steht: »Ich danke dir, dass ich wunderbar gemacht bin!« Es ist ein Lob auf den Schöpfer, wenn wir mit uns versöhnt sind, wenn wir aus den Talenten, die uns geschenkt sind, etwas machen, wenn wir ausstrahlen »Danke, dass ich bin!«.

Dietrich Bonhoeffer hat gesagt: »Gott liebt uns nicht, weil wir so wertvoll sind, sondern wir sind wertvoll, weil er uns liebt!« Es tut gut, wenn wir uns hin und wieder daran erinnern. Das atmet Freiheit, die uns guttut, die uns selbstbewusst durch die Welt gehen lässt. Das verändert uns. Das verändert unseren Alltag.

Ich möchte Ihnen einige Fährten legen, welche Auswirkungen das Gespür für den eigenen Wert haben kann.

✧ Unsere Sprache entscheidet, wie unsere Beziehungen aussehen

Ein ganz entscheidender Bereich unseres Lebens ist die Sprache. Wie wir mit anderen Menschen im Gespräch sind, das entscheidet darüber, wie unsere Beziehungen aussehen.

Sie wissen, wir können mit unseren Worten wohltun und wehtun. Wir können einen Menschen aufblühen lassen mit dem, was wir sagen, wir können ihn auch zutiefst verletzen und einschüchtern. Wir können Klärungen schaffen und Missverständnisse in die Welt setzen. Das geschieht alles durch unsere Worte. Worte haben eine große Macht. Wir haben alle schon unsere Erfahrungen gemacht.

Manchmal sagt jemand: »Ach, das hab ich nicht so ernst gemeint, das ist mir nur so rausgerutscht!« – Vorsicht! Ich habe Menschen getroffen, die können sich noch nach 30 oder 40 Jahren an einen Satz erinnern, den jemand zu ihnen gesagt hat, entweder im Positiven oder im Negativen. Wir machen uns viel zu selten klar, welche große Wirkung von unseren Worten ausgeht. –

Und was einmal ausgesprochen ist, das können wir nicht wieder zurückholen.

Ich habe an einem Rhetorik-Seminar teilgenommen. Was ich gelernt habe, hat mich sehr nachdenklich gemacht. Wenn wir reden, dann wirken wir zu 32 % durch unser Äußeres, also wie wir aussehen, wie wir gekleidet sind, wie die Haare frisiert sind, wie wir uns bewegen, wie viel oder wenig wir geschminkt sind. Wenn wir reden, dann wirken wir zu 53 % nicht durch das, was wir sagen, sondern dadurch, wie wir etwas sagen, durch unsere Stimme. Wer schnell ist im Kopfrechnen, der kommt zu dem Ergebnis, dass lediglich 15 % für den Inhalt bleiben. Nein, das kann und darf nicht wahr sein! Ich verwende viel Zeit darauf, um die rechten Worte zu finden für das, was ich übermitteln möchte. Mir geht es vor allem um Inhalte, dass Menschen mit Gewinn nach Hause gehen, wenn es gut geht, getröstet und gestärkt, mit Mutmachstoff versorgt, inspiriert und bereichert. Die Show überlasse ich gerne dem Fernsehen. Ist es wirklich wahr, dass für den Inhalt nur 15 % bleiben? Ich mag und will es nicht glauben. Ich traue dem Wort viel zu. Die lutherische Kirche nennt sich die »Kirche des Wortes«.

Bei allem Zweifeln fällt mir ein ganz unspektakulärer Satz aus dem Volksmund ein:

»Der Ton macht die Musik.« Wenn zwei Menschen das Gleiche sagen, dann ist das noch lange nicht dasselbe! In der Stimme eines Menschen schwingt immer etwas von seinem Inneren, von seiner Stimmung mit. Haben Sie das schon einmal beobachtet bei sich selbst und bei anderen? Sie erkennen am Tonfall einer Freundin, mit der sie regelmäßig telefonieren, in welcher Stimmung sie gerade ist. Wir hören, ob sie gut gelaunt oder traurig ist, ob sie Zeit für ein Gespräch hat oder unter Druck steht, ob sie ausgeglichen oder ärgerlich ist. Meine Kinder haben einmal behauptet, sie könnten sich zu »Wetten dass« anmelden, mit der Wette: »Ich erkenne bei 20 Leuten aus unserem Bekanntenkreis, mit wem meine Mutter gerade telefoniert! – Nicht am Inhalt, sondern am Klang ihrer Stimme, am Tonfall.« Zuerst hat mich das sehr verunsichert und erschreckt. Als ich dann eine Zeitlang darauf geachtet habe, musste ich den Kindern Recht geben: Wir verändern unseren Tonfall, je nachdem, mit welchem Menschen und in welcher Situation wir sprechen. Manchmal sind es nur feine Nuancen, aber da ist in der Tat eine Veränderung zu erkennen.

Bei einigen Menschen sind wir kurz angebunden. Bei einigen haben wir etwas Oberlehrerhaftes oder Vorwurfsvolles in der Stimme. Bei einigen sprechen wir weinerlich, bei anderen überschlagen wir uns vor Freundlichkeit. Wir können sicher sein, auch der nette Staubsauger-Vertreter, der uns charmant und begeistert das neueste Modell aus seiner Kollektion verkaufen möchte, spricht daheim in seiner Familie in einem völlig anderen Ton.

Am Tonfall entscheidet sich, wie unsere Beziehungen zu anderen Menschen aussehen. Manchmal entscheidet ein Zungenschlag darüber, ob wir einen Menschen gewinnen oder verlieren, vor allem, wenn es um ein heikles Thema geht.

✧ Der Ton macht die Musik

Ich habe mit unserem Jüngsten abgemacht: »Um halb eins bist du zu Hause.« Es ist halb drei geworden und ich habe noch nichts gehört. Mütter hören ja auch etwas, wenn sie nichts gehört haben. Ich stehe auf und schaue nach, ob das Kind im Bett liegt. Das Bett ist leer. Ich mache mir Sorgen und kann nicht wieder einschlafen. Um halb vier halte ich die Spannung nicht mehr aus, ich wecke meinen Mann. »Der Junge ist nicht zu Haus, was sollen wir tun?« Mein Mann schlägt kurz die Augen auf und sagt: »Reg dich nicht auf, denk an deine Jugend.« Danach dreht er sich wieder um und schläft weiter. Bei mir ist nicht mehr an Schlaf zu denken. Ich spüre, wie die Angst von mir Besitz ergreift. Um halb fünf geht die Haustür. Was ist das Gefühl meines Herzens? Ich möchte zur Tür schweben, möchte strahlen und das große Kind in meine Arme nehmen. »Gott sei Dank, du bist da! – Wenn du dich gemeldet hättest, ich hätte dir bis übermorgen frei gegeben. Junge, ich habe dich so lieb.«

Und wie sieht die Wirklichkeit aus? Ich gehe im Stechschritt zur Tür und halte dem Kind eine Standpauke, die sich gewaschen hat. Was dem denn wohl einfällt, so unzuverlässig zu sein und mir meine kostbare Nachtruhe zu rauben ...

Welchen Eindruck wird der Junge mit ins Bett nehmen? – »Meine Mutter ist hysterisch wie eine Furie!« Wenn es gut geht, dann werden wir Stunden später, wenn wir darüber geschlafen haben und wenn die Wogen sich geglättet haben, noch einmal in aller Ruhe darüber sprechen. Dann werde ich meinem Sohn erklären, was eine Mutter in solchen Nachtstunden durchmacht. Er bekommt einen Nachhilfekurs in »Mutterologie«. Aber wie oft passiert das nicht, und es bleibt nach außen ein völlig anderer Eindruck zurück als das, was uns im Innersten bewegt und gesorgt hat.

Sie kennen das vielleicht. Sie bereiten ein Familienfest vor, sie haben Gäste eingeladen. Es soll alles schön sein in Haus und Garten. Sie haben eine lange To-do-Liste, sind sehr angespannt und irgendwann auch gereizt. Und gleichzeitig möchten Sie stark sein, denn Sie ahnen, was Ihre Familienmitglieder zu Ihrem Mammut-Programm sagen würden: »Was machst du auch immer für einen Aufstand, das könnte doch alles ein paar Nummern einfacher ablaufen.«

Ja, könnte es.

Insgeheim warten wir darauf, dass jemand kommt, den Arm um unsere Schulter legt und sagt: »Kann ich dir helfen, du wirkst so müde!« – Und was passiert? Alle machen einen großen Bogen um uns und denken: »Jetzt hat sie's wieder!«

Warum sprechen wir nicht viel offener darüber, was uns wichtig ist, was wir uns wünschen und wo wir uns über die eine oder andere Hilfe freuen würden. Ich komme immer mehr zu der Erkenntnis: Je mehr wir von dem erzählen, was in unserem Innersten ist, desto eher werden wir gehört, desto eher gelingen unsere Beziehungen. Wenn jeder weiß, woran er ist, wenn man ehrlich und vertrauensvoll miteinander umgeht, dann läuft manches besser zwischen uns Menschen. Wenn das, was ich sage, übereinstimmt mit dem, was mich im Innersten bestimmt, dann bin ich echt, authentisch, überzeugend.

Weil wir alle so wertvoll sind, sollten wir uns diesen Umgang miteinander gönnen.

✧ Was Hans über Liese sagt, sagt mehr über Hans als über Liese

Haben Sie schon einmal darauf geachtet: Wie wir über andere Menschen reden, das sagt mehr über uns, als über die anderen. Wenn ich andere schlecht mache, ist das immer ein Zeichen dafür, dass ich mit mir selbst nicht im Reinen bin. So sagen es die Psychologen. Das ist ein goldener Satz: Wer kritisiert, redet immer auch von seinen eigenen Fehlern und von seiner eigenen Not.

Manchmal tut es gut, ein bisschen zu lästern, ich weiß. Wir brauchen ein Ventil für das, was ein Mensch in uns ausgelöst hat. Wie wohltuend, wenn wir ein paar Vertraute haben, bei denen wir nicht jedes Wort auf die Goldwaage legen müssen, bei denen wir davon ausgehen dürfen, dass alles Gesagte in einem geschützten Raum bleibt. Aber Achtung, wenn jemand sehr redselig ist und Geheimnisse über andere ausplaudert. So informativ das auch für uns sein kann, gleichzeitig gilt: »Wer mit dir über andere Leute redet, der redet mit anderen Leuten auch über dich, da kannst du ganz sicher sein. In der gleichen Art und Weise, ob fair oder weniger fair, wie er mit dir über andere Leute redet, so redet er mit anderen Leuten auch über dich.«

Ich hatte ein sehr aufschlussreiches Erlebnis in der Nähe von Hamburg. Nach einem Vortrag bei den Landfrauen war ich zur Toilette gegangen. Keiner wusste, dass ich da war, und dann kamen sechs Frauen in den Vorraum und unterhielten sich über den Nachmittag, meinen Vortrag und über mich. Das sind Momente! Ich saß hilflos im Verborgenen. In dieser Situation habe ich mir vorgenommen, ich möchte zukünftig nur noch so über andere Menschen sprechen, dass sie mithören können.

Gar nichts mehr zu erzählen ist keine Lösung. Bestimmt nicht. Wir wollen und müssen doch auch teilhaben an dem, was um uns herum geschieht. Das ist wertvolle Lebenshilfe, wenn wir im Gespräch sind, uns austauschen, Erfahrungen weitergeben.

Aber – vielleicht haben Sie es selbst schon einmal erlebt, wie sehr es verletzt, wenn hinter Ihrem Rücken anders über Sie geredet wird als mit Ihnen direkt. Unaufrichtigkeit kann das Klima in jedem Verein, in jeder Firma und Dorfgemeinschaft vergiften, kann die beste Freundschaft zerstören. Ein Mensch, der das erlebt hat, dass man nicht ehrlich mit ihm ist, der mag sich irgendwann nicht mehr öffnen, der verliert das Vertrauen zu anderen und zieht sich in ein Schneckenhaus zurück. Und je näher man sich steht, desto schwerer wiegt Unaufrichtigkeit.

Weil wir alle so wertvoll sind, wollen wir behutsam miteinander umgehen, das habe ich mir an jenem Nachmittag in der Nähe von Hamburg vorgenommen. Wir haben alle unsere Geschichten aus 1001 Nacht, schöne und weniger schöne. Wir wissen um unsere wunden Stellen, wo es nicht so gelaufen ist, wie wir es gewünscht hatten. Wir haben alle unsere kleinen und großen Tragödien im Gepäck, an denen wir zu tragen haben. Wir brauchen niemand, der Salz in unsere Wunden streut und unsensibel kommentiert, wovon er doch nur herzlich wenig weiß.

Weil wir alle so wertvoll sind, lassen Sie uns die Verletzlichkeit des anderen schützen und achtsam mit unseren Worten umgehen. Weil ich es mir wert bin, möchte ich ein Mensch sein, dem man sich anvertrauen kann, bei dem Geheimnisse gut aufgehoben sind.

✧ Der kleine Mann im Ohr

Das Glück deines Lebens hängt von der Beschaffenheit deiner Gedanken ab. (Marc Aurel)

Weil ich es (mir) wert bin, achte ich auf meine innere Einstellung. Die Welt ist nicht nur so, wie sie ist, sondern wie wir sie sehen. Sie kennen das klassische Beispiel: Ob ein Glas halb voll ist oder halb leer, das hat etwas mit unserer Sichtweise zu tun.

Wir haben alle einen »kleinen Mann im Ohr«. Der gibt den ganzen Tag Kommentare ab zu allem, was wir tun, zu jedem Menschen, dem wir begegnen, zu jeder Nachricht, die uns erreicht. Dieser »kleine Mann« spricht so, wie man uns die Welt gedeutet hat und wie wir die Welt samt ihrer Menschen erlebt haben.

Wie jemand über Geizhälse denkt, das hängt davon ab, wie er sie kennengelernt hat, als unangenehme Zeitgenossen oder als äußerst angenehme Vorfahren. Ob ich mich arm oder reich fühle, das ist nicht nur eine Frage des Kontostandes, das hat auch etwas mit meiner Einstellung zu tun.

Ob eine Frau resigniert vor drei Körben mit Bügelwäsche steht und meint, das sei nicht zu schaffen, oder ob sie sich im Radio schöne Musik anstellt, mit Schwung beginnt und in zwei Stunden alles erledigt hat, das hängt von der inneren Einstellung ab.

Ich spiele Tischtennis. Wenn ich an die Platte gehe und denke »ich glaube, das wird heut nichts«, dann habe ich allerbeste Chancen zu verlieren. Sag ich aber: »Du packst das«, dann empfängt der Körper positive Signale und produziert vitalisierende Hormone, die jede Menge Energie freisetzen. »Das Spiel wird im Kopf entschieden«, so haben wir es seit Boris Becker oft gehört.

Stellen Sie sich bitte vor, Sie sind zu einem Fest eingeladen und Sie sitzen da den ganzen Abend mit verschränkten Armen auf Ihrem Stuhl, schauen kritisch in die Runde und denken: »Na, wollen wir mal schauen, ob hier heute Abend Stimmung aufkommt!« Stellen Sie sich vor, da sitzen noch andere zwanzig Gäste mit dieser inneren Haltung.

Das schönste Geschenk, das Sie einem Gastgeber mitbringen können, ist Ihre Bereitschaft, etwas zum Gelingen des Ganzen beizutragen. Das muss nicht jedes Mal ein Sketch oder eine Rede sein, aber ein fröhliches Gesicht und eine Portion Offenheit ist auf jeden Fall möglich. Coco Chanel hat gesagt: »Gute Laune ist ein perfektes Kleidungsstück, sie lässt sich zu allem tragen.«

Wir gestalten, wie unsere Tage und Beziehungen aussehen.

Unsere Welt ist so groß oder so klein, wie wir sie uns machen.

Unsere Welt ist so aufregend oder so langweilig, wie wir sie uns selbst machen.

Je nachdem, wo wir unseren Dünger draufstreuen, das wird am besten wachsen.

Wer umarmt werden möchte, der breite die Arme aus.

Wer darüber klagt, dass er nie angerufen wird, der greife selbst einmal zum Hörer.

Wer darunter leidet, dass er immer alleine ist, der stricke mutig an einem Netz von Beziehungen.

Wir gestalten, wie unsere Tage und Beziehungen aussehen.

Das gilt nicht nur im privaten Bereich. Das gilt auch in der Gesellschaft.

John F. Kennedy hat gesagt: »Frag nicht immer, was dein Land für dich tun kann. Frag, was du für dein Land tun kannst.« Welch ein Wort, gerade für unser ach so oft wehleidiges Deutschland.

Eine Demokratie ist etwas Anspruchsvolles. Sie setzt mündige Bürger voraus, die bereit sind, ihren Beitrag zum Gelingen des Ganzen zu leisten. Wir haben heute die Situation, dass sich immer mehr Menschen wie in einer Hängematte niederlassen und davon ausgehen, dass sie versorgt werden. Das kann kein Sozialstaat leisten. Jeder ist ungeheuer wichtig für die Zukunft der Gesellschaft, so hat es der amerikanische Präsident Obama in seinen Reden mit Nachdruck betont. »Die Politik allein kann es nicht richten, wenn sich im Land etwas verändern soll, ich brauche euch alle!« – Sein »Yes, we can« weckt Hoffnung, erinnert an die Bedeutung des Einzelnen.

Wenn alle ihre Zeit, ihre Kraft, ihr Talent, ihre Fantasie einbringen, dann ist Großes möglich. Dann gilt der afrikanische Spruch: »Wenn viele kleine Leute an vielen kleinen Orten viele kleine Dinge tun, dann kann sich das Gesicht der Welt verändern.« Wer denkt, dass er nicht viel bewirken kann, den möchte ich fragen: Haben Sie schon einmal eine Nacht mit einer Mücke im Schlafzimmer verbracht? Dann wissen Sie spätestens seit jener Nacht, was ein kleines Geschöpf alles anrichten und ausrichten kann. Egal, wie groß oder klein unser Beitrag ist, er ist auf jeden Fall wichtig. Wir sind wertvoll mit unserem Fuder von Möglichkeiten.

✧ Einen inneren Schatz pflegen

Es gibt Situationen, in denen uns das Leben die Sprache verschlägt. Dann ist es hilfreich, wenn wir eine innere Ration an Worten, Liedern und Geschichten haben, die uns tragen.

Für viele Menschen gehört dazu Psalm 23:

Der Herr ist mein Hirte, mir wir nichts mangeln.
Er weidet mich auf einer grünen Aue und führet mich zum frischen Wasser.
Er erquicket meine Seele. Er führt mich auf rechter Straße um seines Namens willen.
Und ob ich schon wanderte im finstern Tal, fürchte ich kein Unglück; denn du bist bei mir, dein Stecken und Stab trösten mich.
Du bereitest vor mir einen Tisch im Angesicht meiner Feinde.
Du salbest mein Haupt mit Öl und schenkest mir voll ein.
Gutes und Barmherzigkeit werden mir folgen mein Leben lang,
und ich werde bleiben im Hause des Herrn immerdar.

Für mich gehört dazu das Bonhoeffer-Wort:

Von guten Mächten wunderbar geborgen,
erwarten wir getrost, was kommen mag.
Gott ist bei uns am Abend und am Morgen
und ganz gewiss an jedem neuen Tag.

Weil wir so wertvoll sind, gilt es, den inneren Schatz zu pflegen, Gedanken, die den Horizont weiten, die uns das Große denken und das Kleine tun lassen. Fast-food für die Seele ist zu wenig, wir brauchen Worte von einem anderen Kaliber, die krisen- und zukunftstauglich sind.

✧ Ich weiß jetzt,
   was ich wert bin

Weil wir so wertvoll sind, lassen Sie uns nicht mehr unter unserem Niveau leben. Das Leben ist zu kurz, um schlechten Wein zu trinken. Wenn wir Wein trinken, dann guten.

Ich möchte immer weniger »eigentlich« denken, eigentlich sollte ich, eigentlich möchte ich. Das ist halbherzig. Wenn mir etwas wichtig ist, was hindert mich, es umzusetzen? Ich lasse es nicht mehr zu, dass ich von anderen Menschen verletzt, klein gemacht werde. Ich finde für mich heraus, bei welchen Menschen und in welchen Situationen ich am lebendigsten bin. Solche Menschen und Situationen gönne ich mir regelmäßig und meide die so genannten »Energiekiller«, die mich belasten, nach unten ziehen.

Wenn ich etwas tue, egal, ob es etwas Kleines oder etwas Großes ist, dann möchte ich ganz bei der Sache sein, ich möchte es mit Begeisterung tun.

Die Manager sagen: »Verlieb dich in deine Arbeit. Das ist der beste Weg zum Erfolg.« Was wir mit Begeisterung tun, das hat Strahlkraft, das bringt gute Ergebnisse und überzeugt andere.

Wenn alle jammern, dass so vieles schwer, festgefahren und schlimm ist im Land, dann jammere ich eine Zeit lang mit. Doch, es gibt viel zu bedenken, es warten viele Probleme darauf, dass sie angepackt werden. Aber ich möchte nicht vergessen, auch das viele Schöne zu erwähnen, was in dieser Welt geschieht, dass Menschen füreinander da sind, einander Blumen schenken, dass es Freunde gibt, viele Annehmlichkeiten, dass wir zu den 15 % Erdbürgern gehören, denen es richtig gut geht – und dass mit großer Zuverlässigkeit jeden Morgen die Sonne aufgeht. Ich möchte nicht immer nur die Defizite sehen, sondern das viele Gute, das jeder Tag für mich bereit hält.

Ich möchte aus jedem Tag das Beste machen, die Aufgaben erfüllen, die mir anvertraut werden. Ich möchte viel lachen und lieben, loben statt kritisieren, Farbe in das Grau des Alltags mischen, Himmelglanz in Erdenschwere bringen.

Und hoffentlich hinterlasse ich Spuren, dass man sagt: Sie hat das Leben reich gemacht, sie war ein Segen.

Weil wir so wertvoll sind, lassen Sie uns entdecken, was in uns steckt an Gestaltekraft, Begabung und Freundlichkeit.

Lassen Sie uns aufwecken, was in uns schlummert, und herausfinden, wie wir leben möchten, weil wir es (uns) wert sind.

Weitere Bücher von
Heidrun Kuhlmann:

Die Jahreszeiten im Leben einer Frau
Bestell-Nr. 07116

Das Hörbuch dazu:
Die Jahreszeiten im Leben einer Frau
2 CDs, Bestell-Nr. 50998

Seelenfutter
Frische Energie für die Alltage unseres Lebens
Bestell-Nr. 72450

Das Hörbuch dazu:
Seelenfutter
Frische Energie für die Alltage unseres Lebens
2 CDs, Bestell-Nr. 50995

Himmelsglanz und Erdenschwere
Erfrischende Erfahrungen
Bestell-Nr. 72471

Ein weihnachtlicher Mensch werden
Von der Schale zum Kern …
Bestell-Nr. 05272